Todo tipo de amigos

Mis amigos tienen síndrome de Down

por Kaitlyn Duling

Bullfrog
en español

Ideas para padres y maestros

Bullfrog Books permite a los niños practicar la lectura de texto informativos desde el nivel principiante. Las repeticiones, palabras conocidas y descripciones en las imágenes ayudan a los lectores principiantes.

Antes de leer
- Hablen acerca de las fotografías. ¿Qué representan para ellos?
- Consulten juntos el glosario de fotografías. Lean las palabras y hablen de ellas.

Durante la lectura
- Hojeen el libro y observen las fotografías. Deje que el niño haga preguntas. Muestre las descripciones en las imágenes.
- Léale el libro al niño o deje que él o ella lo lea independientemente.

Después de leer
- Anime al niño para que piense más. Pregúntele: ¿Conoces a alguien con síndrome de Down? ¿Qué te gusta de él o ella?

Bullfrog Books are published by Jump!
5357 Penn Avenue South
Minneapolis, MN 55419
www.jumplibrary.com

Copyright © 2020 Jump! International copyright reserved in all countries. No part of this book may be reproduced in any form without written permission from the publisher.

Library of Congress Cataloging-in-Publication Data is available at www.loc.gov or upon request from the publisher.

ISBN: 978-1-64527-012-6 (hardcover)
ISBN: 978-1-64527-013-3 (paperback)
ISBN: 978-1-64527-014-0 (ebook)

Editor: Susanne Bushman
Designer: Molly Ballanger
Translator: Annette Granat

Photo Credits: Tad Saddoris, cover, 16–17 (foreground); FatCamera/iStock, 1; Monkey Business Images/Shutterstock, 3; SolStock/iStock, 4, 5, 6–7, 23bl; asiseeit/iStock, 8–9; DenKuvaiev/iStock, 10; kali9/iStock, 11, 14–15, 18, 19, 23br; Steve Debenport/iStock, 12–13, 23tr; cristovao/Shutterstock, 16–17 (background); Maskot/Getty, 20–21; Patrick Foto/Shutterstock, 22 (left); Valua Vitaly/Shutterstock, 22 (right); Tony Stock/Shutterstock, 23tl; wilpunt/iStock, 24.

Printed in the United States of America at Corporate Graphics in North Mankato, Minnesota.

Tabla de contenido

Diversión con amigos

Este es Ben.

Él es mi amigo.

¡Ben es divertido!

Nos encanta jugar.

Ben tiene síndrome
de Down.

Tiene habilidad para
algunas cosas.

Otras son difíciles.

Hablar puede ser difícil para Maya.

Escucho con atención.

¡Ella cuenta chistes divertidos!

A Peg se le cansan los músculos.

Ella corre lentamente.

10

Hacer ejercicio le ayuda a Liz.
La hace más fuerte.

ayudante

Tim y yo aprendemos una nueva habilidad.

A él le toma un poquito más de tiempo.

Tengo paciencia.

Lo ayudo.

Sara se da cuenta de los sentimientos de mamá.

Ella sabe cuándo ella está triste.

Ella la hace sonreír.

Nos ayudamos.

Somos buenos amigos.

Kim se ve un poquito distinta de mí.

Todos nos vemos únicos.
¡No hay problema!

Nos parecemos mucho.

Diferentes fortalezas

Todos tenemos diferentes habilidades. Algunas cosas son más difíciles para nosotros que para los demás.

Piensa en ti. ¿Qué te parece fácil? ¿Qué te parece difícil? Haz una cosa que sea fácil para ti. Luego haz algo que sea más difícil. ¡Puedes pedirle ayuda a un amigo o una amiga!

Finalmente, averigua si puedes ayudar a un amigo, una amiga o a un miembro de tu familia a hacer algo que sea difícil para ellos. Cuando nos ayudamos, todos ganamos.

Glosario de las fotografías

músculos
Los tejidos unidos a tu esqueleto, que halan tus huesos para hacer que se muevan.

paciencia
Con habilidad de aceptar atrasos o problemas sin enojarse ni molestarse.

síndrome de Down
Una condición con la que nacen ciertas personas, que les da rasgos físicos, regalos y desafíos especiales.

únicos
Ser uno de una especie y diferente de todos los demás.

Índice

Para aprender más

FACT SURFER

Aprender más es tan fácil como 1, 2, 3.

❶ Visite www.factsurfer.com

❷ Escriba "misamigostienensíndromedeDown" en la caja de búsqueda.

❸ Haga clic en el botón "Surf" para obtener una lista de sitios web.